leykam: *seit 1585*

Lisz Hirn

Macht Politik böse?

Zehn Trugschlüsse

leykam: *Streitschrift*

06
Vorwort

12
Trugschluss 1: Wehret dem Pöbel

17
Trugschluss 2: Man darf alles, solange es keiner mitbekommt

22
Trugschluss 3: Moral gehört nicht in die Politik

29
Trugschluss 4: Wenn die anderen es tun, darf ich es auch

36
Trugschluss 5: Man darf alles, solange es legal ist

41
Trugschluss 6: Man muss es nur korrekt sagen

51
Trugschluss 7: Kultur ist
ein Luxus

59
Trugschluss 8: Einer muss
es richten

66
Trugschluss 9: Politiker sind
eigentlich obsolet

75
Trugschluss 10: Politik ist nichts für
anständige Leute

84
Fazit: Macht Politik böse?

90
Anhang: Quellen

Vorwort

„Da geht es ja wirklich um etwas! Die können ja über Menschenleben entscheiden, ... über mein Leben." – Stimmen im März 2020 nach der Ankündigung des ersten Lockdowns

Seit im März 2020 der erste Lockdown verkündet wurde, hat sich Europas politische Landschaft verändert. Ja, die da oben können, die sollen im Fall des Falles über Leben entscheiden! Die, das sind die Politiker. Gewählt, um Entscheidungen zu treffen, die Leben oder Tod für ihre Staatsbürger bedeuten könnten. Nicht nur über kurz, wie in der Pandemiebekämpfung, sondern auch über lang, wie in der Entschärfung der Klimakatastrophe. Im Frühjahr 2020 schien das vielen von uns zum ersten Mal bewusst geworden zu sein. In den vergangenen zwei Jahren hat sich einiges ereignet, was nicht dazu geführt hat, den Beruf des Politikers* aufzuwerten oder die Demokratie als politisches Konzept zu stärken. Die Politik hatte jedoch zweifellos schon davor einen schlechten Ruf. Besonders in Österreich war die politische Landschaft kurz zuvor gewaltig erschüttert worden.

---

* Da Männer bisher größtenteils die Politik aktiv als Politiker oder passiv als Bürger dominiert haben, wird diesem Umstand mittels ungegenderter Sprache Rechnung getragen. Die bessere Lesbarkeit ist ein zweiter, aber untergeordneter Grund.

Im Mai 2019 wurde von *Süddeutscher Zeitung* und *Spiegel* das sogenannte Ibiza-Video veröffentlicht. Es zeigte den damaligen FPÖ-Obmann Heinz-Christian Strache, wie er auf einer Finca in Ibiza einer vermeintlichen russischen Oligarchen-Nichte Staatsaufträge anbot, wenn sie dafür die auflagenstärkste Zeitung des Landes kaufen und ihm und seiner Partei somit einen Vorteil verschaffen würde. Am Tag nach der Veröffentlichung trat Bundespräsident Alexander Van der Bellen vor die Kameras, um Schadensbegrenzung zu üben. In den Videoausschnitten hätten wir ein „Sittenbild gesehen, das uns alle zutiefst verletzt". Allen in Österreich lebenden Menschen riet der Bundespräsident damals, „Mut und etwas Zuversicht" zu bewahren. „Wir kriegen das schon hin", so Van der Bellen. „Und in diesem Sinne entschuldige ich mich für das Bild, das die Politik bei uns gerade hinterlassen hat. So sind wir nicht, so ist Österreich einfach nicht, aber das müssen wir alle gemeinsam beweisen."[1] Den Politikern würde dabei eine besondere Rolle zukommen. Wie sehr der österreichische Bundespräsident recht haben sollte, zeigte sich ein knappes Jahr später, als eine Pandemie über das Land hereinbrach und den politischen Vertrauensverlust weiter antrieb.[2] Diese Entwicklung ist natürlich kein genuin österreichisches Phänomen; es lässt sich beunruhigenderweise weltweit beobachten. Der Ukraine-Krieg, die Teuerung und die drohende Klimakatastrophe ... wann, wenn nicht jetzt, möchte man sich als Bürger auf die gewählten Politiker verlassen können?

Gerade in Krisen ist Politikverdrossenheit gefährlich. Wenn Menschen vernünftigen und nachvollziehbaren Anordnungen einer Regierung nur deshalb nicht folgen wollen, weil sie die Regierung ablehnen, dann bekommen wir alle ein Problem. Die Corona-Demonstrationen haben diese Misere deutlich gezeigt. Dort bestritten die Demonstranten nicht nur unliebsame wissenschaftliche Fakten, sondern auch die politische Führung und deren wissenschaftliche Berater, die sie persönlich verunglimpften. Hier trifft Paul Watzlawicks Spruch zu: Menschliche Reife wäre gewesen, das Richtige zu tun, selbst wenn es die Regierung empfohlen hat. Die politischen Skandale der folgenden Monate verschärften das angespannte Verhältnis zwischen Bürgern und ihren politischen Repräsentanten zusätzlich.

Warum gehen Menschen solch „schmutzigen" Geschäften wie denen der Politik überhaupt nach? *Die sind doch alle korrupt!* Wenn die Mehrheit der Menschen davon überzeugt ist, dass die Politik ein Korruptionsproblem hat, dann wirkt sich das nicht nur auf den Ruf der einzelnen herausgestellten Politiker aus. Korruption wird nicht als Fehlleistung Einzelner verstanden, sondern als Norm für ganze Parteien und damit dem politischen System inhärent. Den Schaden derartiger Entgleisungen bekommen also nicht nur die direkt Verantwortlichen, sondern das gesamte politische System ab.[3] Wenig verwunderlich also, dass die Erwartung an die moralische Integrität eines Politikers eher gering ist. Die Unterstellung, dass ohnehin nur Korrupte oder Narzissten an den Schalthebeln der Macht Platz fänden, macht die Politik bei jungen und sozial engagierten Menschen nicht gerade beliebt. Dass viele Parteien mit Nachwuchsproblemen kämpfen, ist demzufolge nicht überraschend, sondern logisch.

Das „schmutzige" Geschäft sind übrigens wir, die Bürger, die ihre politische Repräsentanz in Amt und Würden wählen. Wollen wir andere Politiker, dann müssten wir vorher unsere Einstellung gegenüber dem politischen Tagesgeschäft verändern und unsere moralischen Ansprüche an zukünftige Volksvertreter nach oben schrauben. Schließlich sind wir, nach Max Weber, alle „Gelegenheitspolitiker", „... wenn wir unseren Wahlzettel abgeben oder eine ähnliche Willensäußerung, etwa Beifall oder Protest in einer ‚politischen' Versammlung, vollziehen, eine ‚politische' Rede halten usw. – und bei vielen Menschen beschränkt sich ihre ganze Beziehung zur Politik darauf."[4] Wer also den „politischen Sittenverfall" bedauert, sollte zuerst wissen, auf welchen Trugschlüssen das eigene politische Verständnis beruht. Die folgenden zehn sind natürlich nur als eine Auswahl zu verstehen.[5]

Trugschluss 1:
───

Wehret dem Pöbel

Nicht nur viele Politiker, sondern auch so mancher Theoretiker fürchtet uns, das gemeine Volk. Der Begriff „Pöbel" geht ursprünglich auf das lateinische Wort „populus" zurück. Als Pöbel wird eine Gruppe von Menschen bezeichnet, denen es an Kultiviertheit, Feingefühl und Köpfchen fehlen soll. Eine rohe Volksmasse, die von der Politik mit allen Mitteln unter Kontrolle gehalten werden muss. Schon im 16. Jahrhundert rechtfertigte Martin Luther Gewalt gegen den „Pöbel" in seiner Schrift „Wider die räuberischen und mörderischen Rotten der Bauern" wie folgt: „Der Esel will Schläge haben und der Pöbel will mit Gewalt regiert sein. Das wusste Gott wohl, drum gab er der Obrigkeit nicht einen Fuchsschwanz, sondern ein Schwert in die Hand." Für uns Heutige entpuppt sich das Schwert als Handy. In Österreich lieferten diverse Chatnachrichten im Herbst 2021 den unzweifelhaften Beweis, dass so manch hochrangiger Bediensteter Luthers Zitat noch heute teilt. So beschwerte sich der ehemalige Generalsekretär im österreichischen Finanzministerium Thomas Schmid darüber, dass ihm in Zukunft kein Diplomatenpass mehr zustünde und er reisen müsse

„wie der Pöbel". Dass das gemeine Volk die Inhalte dieser elitären Konversation erfuhr, wurde für die Beteiligten zu mehr als einem bedauerlichen Missgeschick. Das Bekanntwerden dieser Chats kostete Thomas Schmid – nach einigen anderen Skandalen – schließlich seinen Posten als Alleinvorstand der Österreichischen Beteiligungs AG, und die neue ÖVP unter Sebastian Kurz verlor den letzten Anstrich ihres türkisen Saubermann-Images, das sie sich 2017 gegeben hatte. Und das alles, obwohl die jungen Türkisen so penibel auf ihr Bild in der Öffentlichkeit geachtet hatten und gezielt mit Beliebtheit zu regieren versuchten.

Das führt zu einer interessanten Frage, die sich Machiavelli im 17. Kapitel seines berüchtigten Buchs *Der Fürst* stellt: Ist es in Staatsgeschäften besser, vom Volk geliebt oder gefürchtet zu werden? Der Autor argumentiert für die Furcht. Die Liebe des Pöbels wäre im Allgemeinen undankbar und wankelmütig; der Fürst der unsteten Zuneigung seiner Untertanen ausgeliefert. Ist der Stern eines Politikers am Aufsteigen, würde der Pöbel zu ihm aufsehen und ihm freimütig die Treue schwören. Sobald sich jedoch der politische Wind drehe und das Schicksal (oder die Medien) Schläge verteilen, könne sich der Fürst nicht mehr auf die Unterstützung des Pöbels verlassen. Eine unsichere Sache also, diese Volksliebe.

Wie wankelmütig sie sein kann, belegt die Causa Laschet[6]. Beim Besuch im Katastrophengebiet im Westen Deutschlands 2021 rutscht dem damaligen Kanzlerkandidaten der Union ein unpassender Lacher an unpassender Stelle heraus, nämlich während Bundespräsident Frank-Walter Steinmeier den Betroffenen sein Mitgefühl ausspricht. Die Kameras fangen diesen Fauxpas ein, der Laschet zwei Monate vor der Bundestagswahl viele notwendige Stimmen und vor allem Sympathien kostet. Auf die Vergesslichkeit der Öffentlichkeit sollte ein Politiker also nicht hoffen. Besser wäre laut Machiavelli, von Anfang an in eine gesunde Portion Furcht zu investieren. Aber auch diese Strategie ist heikel: Verhasst werden sollte der Politiker dem Pöbel nicht, denn dann wäre nicht nur seine Karriere, sondern auch das Land beim Teufel. Insubordination, also Gehorsamsverweigerung, wäre die logische Folge. Gescheiterte „Langzeitdiktatoren" rund um den Globus belegen dies. Generell lässt sich gegen Machiavellis Thesen einiges einwenden. Zuallererst leben wir größtenteils nicht mehr in monarchistischen oder feudalen Systemen. Unsere „Fürsten" sind im Gegensatz zu damals prinzipiell abwählbar, und nicht nur für uns, sondern auch für sie gilt bei Verdacht einer Straftat die Unschuldsvermutung.

Trugschluss 2:

Man darf alles, solange es keiner mitbekommt

Die Unschuldsvermutung schließt nicht aus, dass Politiker zumindest medial gelyncht werden. Denn ohne ein Mindestmaß an medialer Gunst schafft man es auch in demokratischen Gesellschaften nicht nach oben. Und schon gar nicht, an der Macht zu bleiben. „Der Platz des Journalisten ist im Vorhof der Macht", sagte schon *Krone*-Gründer Hans Dichand.[7] So soll es ja auch sein, schließlich kommt doch den Journalisten die Aufgabe zu, die vierte Säule der Macht im Staat zu sein. Versuche, ihre Kontrollfunktion auszuhebeln oder in eine gewünschte Richtung zu lenken, sind politischer Usus. Erschwerend kommt heutzutage hinzu, dass der Ton in der Politik durch die sogenannten sozialen Medien rauer geworden ist. Diese neuen Medien haben das Ihre dazu beigetragen, bestehende Dissonanzen zu verstärken.

Keine Frage, dass das Verhältnis von Politik und Medienhäusern nicht nur in Österreich schwierig ist. Die NGO *Reporter ohne Grenzen* belegt regelmäßig die Fortschritte und Rückschritte in Sachen Pressefreiheit.[8] So ist beispielsweise Österreich im Jahr 2022 von Rang 17 auf 31 abgestürzt. Schuld daran waren wohl wie in vielen anderen Ländern die Versuche der Politik, aktiv Einfluss auf die Medien zu nehmen, sei es über Inserate oder über erkaufte positive Berichterstattung in Boulevardzeitungen. Aber auch die Medienmagnaten sind in die Pflicht zu nehmen, vor allem die, die den glatten Boulevard bedienen. Ihre Stellung im politischen Betrieb ist eine wesentliche. Schon Max Weber wusste Ende des 19. Jahrhunderts, „... daß der journalistische Arbeiter immer weniger, der kapitalistische Pressemagnat [...] immer mehr politischen Einfluß gewinnt. Bei uns waren allerdings bisher die großen kapitalistischen Zeitungskonzerne, welche sich vor allem der Blätter mit ‚kleinen Anzeigen‘ [...] bemächtigt hatten, in aller Regel die typischen Züchter politischer Indifferenz."[9] Welche Folgen diese Indifferenz haben kann, konnten wir auch gut im Laufe der Corona-Pandemie beobachten. Der Vertrauensverlust in die Unabhängigkeit der Medien und Journalisten führte zum Misstrauen gegenüber ihrer Funktion. Ein genereller Vertrauensvorschuss dafür, Informationen und wissenschaftliche Erkenntnisse ohne politische Interessen zu übermitteln, wird ihnen nicht mehr gewährt. Neben der Informations- und Kontrollfunktion haben die Medien eine dritte wichtige Funktion, nämlich

Kritik an Politikern zu üben. Hier wird Journalisten vorgeworfen, politisch nicht integer zu handeln. Gerade aber die moralische Seite und ideologische Agenda der politischen Vertretung zu exponieren, ist für eine Demokratie wesentlich. Die Gratwanderung zwischen Kritik und Verunglimpfung ist für Journalisten eine heikle Angelegenheit. Der Medienhistoriker und Präsident der österreichischen Sektion von *Reporter ohne Grenzen* Fritz Hausjell formulierte dazu trefflich: „Die Branche muss sich bewusst machen: Ihre Grundlage ist Vertrauen des Publikums und nicht Vertrauen der Regierung."[10] Wer heute in die Politik geht, muss nicht nur einen ausgesprochen guten Magen, sondern auch ein besonders schlechtes Gehör haben, um die andauernde Kakophonie der politischen Gegner ignorieren zu können. Wer das nicht kann, wird sich wohltönendere Stimmen zu kaufen wissen. Ohne Medien geht Politik jedenfalls nicht, egal ob man als Bezirkspolitiker auf die Bühne treten will, als Kanzler oder als Aktivist. Schließlich braucht Politik eine Bühne, auch wenn manche Politiker öffentlichkeitswirksam die Öffentlich-Rechtlichen meiden.

Mehr zu denken geben muss uns die Sache mit den leidigen parteipolitischen Inseraten, denen einige Medien ihr Überleben verdanken. „Die Inserate der öffentlichen Hand sind demnach eine Schutzgeldzahlung – vor allem gegenüber dem Boulevard. Dieser habe das mitunter zum Geschäftsmodell gemacht. [...] Das ist nicht nur schlecht für diese Menschen und Medien. Es ist auch schlecht für eine Demokratie. In einer solchen spielen unabhängige Medien eine wichtige Rolle. Gerade in einem Zeitalter, in dem Vertrauen und Wahrheit ständig von Kräften untergraben werden, die davon politisch, finanziell und persönlich profitieren",[11] so Fritz Hausjell. Bei aller Kritik sollten die Bürger die Medienhäuser nicht mit den Journalisten gleichsetzen, die für diese schreiben, und nur die Medien unterstützen, die sich aktiv parteipolitischer Einflussnahme entziehen. „Gute Medien" würden demnach tun, was sie versprechen, „[...] nämlich nach bester Prüfung uns möglichst gute Bilder über die verschiedenen Wirklichkeiten zu vermitteln und nicht die Wunschbilder, die sich jemand erkauft."[12]

Trugschluss 3:

———

Moral gehört nicht in die Politik

„Ich kann mir zwar einen moralischen Politiker (der die Politik nach der Moral) aber auf keine Weise einen politischen Moralisten (der die Moral nach der Politik vorschreibt) denken",[13] sagte schon Immanuel Kant. Die einen beschwören Moral als die Macht, die Regierende automatisch im Zaum halten sollte, die anderen versuchen, sie völlig aus dem politischen Raum zu verbannen. Aber was meint Kant eigentlich, wenn er von politischer Moral spricht? Ganz generell versteht man Moral als die praktische Anwendung der Ethik. Mithilfe der Moral wird ein verbindliches Normensystem des Handelns innerhalb einer bestimmten Gesellschaft festgeschrieben. Sie erzeugt ein Gefühl für richtiges Handeln innerhalb dieser Gesellschaft. Verschiedene Gesellschaften können verschiedene Moralen entwickeln. Im Gegensatz zum subjektiven Urteil, zum Beispiel Geschmack oder Glauben, soll Moral für alle gelten. Alle, das hieße auch für Politiker. Allgemein wird unter politischer Moral, so der deutsche Politikwissenschaftler und Philosoph Rainer Forst, „die Gesamtheit der normativen Überzeugungen – d.h. der Prinzipien, Normen und Werte – bezeichnet, die in den Augen der Bürger als Bewertungs- und Legitimitätsgrundlage des politischen Systems dienen. Der Grad der Legitimität ist demzufolge je höher, desto mehr Konsens innerhalb einer Gesellschaft über die relevanten Grundsätze und Werte besteht und je mehr die politischen Institutionen diesen im Urteil der Bürger entsprechen. [...] 2. In einem engeren Sinne bezieht sich der Begriff pM *[politische Moral, Anm.]* auf die moralischen Erwartungen an politisch Handelnde, und zwar insbesondere an Politiker, aber auch an Bürger ganz allgemein." Denn obgleich Parteien zur Wahl stehen, stellt sich die Frage nach der moralischen Verantwortung und Integrität immer den einzelnen politisch Handelnden.

Manche Parteien versuchen dieser Frage auszuweichen, indem sie sich den Anstrich einer machiavellischen Grundhaltung geben. „Moral hat in der Politik nichts verloren!" Damit wird Moral nicht nur aus dem politischen Bereich zu verdrängen versucht, sondern auch bloßer Machtpolitik der Vorrang eingeräumt. Doch gerade Politiker nutzen Moral als ein beliebtes Werkzeug zur Selbststilisierung: gegenüber politischen Gegnern, gegenüber der Wählerschaft, aber auch gegenüber öffentlichen Medien. So kann beispielsweise der russische Präsident Putin eine amoralische Machtpolitik betreiben und gleichzeitig die von ihm angegriffene Ukraine vorgeblich „von Nazis befreien"[14]. Es ist also klar, dass Moral in der Politik eine Rolle spielt. Die Frage ist eher, ob für Politiker in Bezug auf ihre gesamte Lebensführung selbst strengere moralische Maßstäbe als für den normalen Bürger gelten sollten. Eben weil sie – im Unterschied zu Machiavellis „Fürsten" – demokratisch gewählt und dadurch mit mehr Macht als die Bürger ausgestattet sind. Müssten die Erwartungen an sie als Vertreter der Bevölkerung nicht die eines moralischen Vorbilds sein?

Bevor wir den moralischen Zeigefinger in Richtung Volksvertretung heben, sollten wir uns der Konsequenzen dieses Anspruchs bewusst sein. Moralische Vorbilder haben nämlich gemein, dass sie ihr moralisches Urteil über die Erwartungen und Wünsche anderer stellen. Sie folgen der Pflicht. Nicht um zu gefallen, sondern weil sie das „Richtige" tun wollen. Das Richtige muss aber eben nicht das sein, was gefällt. So könnte das für eine Bevölkerungsgruppe bedeuten, dass politische Entscheidungen auch gegen ihre Interessen, dafür aber im Sinne eines moralischen Anspruchs gemacht werden. Konkret könnte das zum Beispiel heißen: Das Schnitzel wird teurer, Flugverbindungen werden weniger, und für Reiche werden Vermögenssteuern eingeführt. Die Gefahr für Politiker liegt dabei auf der Hand: Sie könnten bei der nächsten Wahl abgewählt werden. Der Dichter und politische Aktivist Henry David Thoreau findet folgenden Vergleich: „Eine Wahl ist eine Art Spiel, wie Schach oder Backgammon, nur mit einem leichten moralischen Anhauchen, ein Spiel um Richtig und Falsch, ins Moralische übertragen. Gewettet wird natürlich auch. Nur der Charakter der Wähler bleibt bei alldem außen vor. Ich wähle aufs Geratewohl, wie es mir eben recht erscheint; mich bekümmert aber nicht gar zu heftig, ob das Rechte sich auch durchsetzt. Dies überlasse ich der Mehrheit. [...] Auch für das *Rechte* zu stimmen, bedeutet nicht, etwas dafür zu *tun*."[15] Darauf zu hoffen, dass die Mehrheit mehr Gewissen als der Einzelne hat, erweist sich als Trugschluss. Es sind doch immer Einzelne, die das Gerechte und Ungerechte zur

Sprache bringen und damit genuin politisch tätig sind. Als kluger Bürger die Gerechtigkeit dem Zufall oder der Mehrheit zu überlassen, scheint grob fahrlässig.

Wie also lässt sich verhindern, dass nicht nur einzelne politisch Handelnde, sondern auch ihre Parteien politische Macht einbüßen, wenn sie unbequeme und unpopuläre Entscheidungen aufgrund ihrer moralischen Gesinnung treffen? Könnte es sein, dass gerade die Angst, bei der nächsten Wahl vom Volk gestraft zu werden, die Angst vor Machtverlust, so oft zu unmoralischem Verhalten von Politikern führt? Immanuel Kant schreibt im Anhang seiner Schrift *Zum ewigen Frieden* über die Misshelligkeit zwischen der Moral und der Politik: „Es gibt also objektiv (in der Theorie) gar keinen Streit zwischen der Moral und der Politik. Dagegen subjektiv [...] wird / und mag er immer bleiben, weil er zum Wetzstein der Tugend dient, deren wahrer Mut [...] in gegenwärtigem Falle nicht sowohl darin besteht, den Übeln und Aufopferungen mit festem Vorsatz sich entgegenzusetzen, [...], sondern dem weit gefährlicheren lügenhaften und verräterischen, aber doch vernünftelnden, die Schwäche der menschlichen Natur zur Rechtfertigung aller Übertretung vorspiegelnden bösen Prinzip in uns selbst, in die Augen zu sehen und seine Arglist zu besiegen."[16] Eine beliebte und äußerst gängige Ausrede ist die folgende:

Trugschluss 4:

Wenn die anderen es tun, darf ich es auch

Das Jahr 2017 kennt in Österreich neben der ÖVP noch einen großen Wahlsieger: die FPÖ. Ausgerechnet der Mann, der in seiner Jugend mit rechtsradikalen Burschenschaften verkehrte und Wehrsportübungen in Wäldern anführte, konnte im Nationalratswahlkampf 2017 mit der Aura der moralischen Überlegenheit über den politischen Sittenverfall in Österreich herziehen. Weder zerstrittene FP-Landesparteien noch hunderte antisemitische „Einzelfälle" aus den eigenen Reihen konnten seinem Image etwas anhaben. Als das Ibiza-Video und der damit einhergehende mediale Druck Strache im Mai 2019 zum Rücktritt als Vizekanzler zwangen und das Ende seiner Karriere in der FPÖ einläuteten, bekam der einstige „Saubermann" noch immer das Vertrauen mittels zehntausender Vorzugsstimmen bei der kurz darauf folgenden Europawahl im Mai 2019 ausgesprochen. Erst die knapp vor der Nationalratswahl Ende September 2019 aufgekommene Spesenaffäre dezimierte die stetig gewachsene Wählerschaft der FPÖ. Sich einen aufwendigen Lebensstil auf Kosten der FPÖ-Anhänger finanzieren und nebenbei gegen die „Privilegienritter" und „Eliten" auftreten, diese

„Doppelmoral" Straches kostete die FPÖ 10 Prozentpunkte und brachte ihr nur mehr knapp über 16 Prozent der Stimmen ein.[17]

Aber was hat Heinz-Christian Strache eigentlich so Schlimmes getan? Nepotismus, „Postenschacher", persönliche Bereicherung und Korruption haben schließlich nicht erst die Rechten und ihre Sympathisanten erfunden. „Das war schon immer so!" Auch das Prinzip, dass „eine Hand die andere wäscht", scheint als eine in allen Bereichen uneingeschränkt gegebene Konstante zu gelten. In Österreich weiß das jeder, das zeigt auch die SORA/ISA-Wahlanalyse zur Nationalratswahl 2019. Nur eine Minderheit von 35 Prozent hielt das darin Gezeigte für typisch allein für einzelne Politiker. 28 Prozent sehen es als typisch für die FPÖ und 17 Prozent sogar typisch für mehrere Parteien. 15 Prozent erkennen entsprechende Muster bei allen Parteien, insbesondere Nichtwähler äußern sich entsprechend.[18] Wird ein Spitzenpolitiker also bei korruptem Handeln erwischt, muss er sich primär nicht für seinen Verrat am Volk genieren, da diese Verhaltensweise von Politikern sogar erwartet wird. Er muss sich vielmehr schämen, bei diesem

Verrat erwischt worden zu sein. Vor allem, wenn man sich wie die Regierung Kurz/Strache den Anschein eines „neuen Stils" und das Versprechen gab, der bisherigen Postenkorruption ein Ende zu bereiten. Insbesondere Machiavelli betont, dass für politische Führungskräfte in erster Linie der Schein von Belang ist. So erklärt er den Wortbruch des Fürsten für fast unausweichlich, will dieser Erfolg haben. Zentral ist, dass die breite Masse weiterhin an die Aufrichtigkeit seines Herrschers glaubt, da von diesem Glauben der Machterhalt des Fürsten abhängt. Die Lüge ist, so Machiavelli, ein legitimes Mittel, um den Zweck zu verwirklichen, allerdings sollte sie im Verborgenen stattfinden. Insofern stellt sich die Frage, ob wir die laufende moralische Empörung zu den politischen Skandalen nicht einfach scheinheilig nennen müssten. Im September 2016 stellt die Zeitung *The Economist* nüchtern fest: „Politiker haben immer schon gelogen. Spielt es eine Rolle, dass sie die Wahrheit nun ganz beiseite lassen?" Diese Frage verwies auf den wunden Punkt des politischen Establishments. Wohl auch deshalb empfahl der Philosoph Slavoj Žižek den US-Amerikanern, Trump zu wählen. Aus der „verzweifelten, sehr verzweifelten Hoffnung"[19] heraus, dass Trumps Wahl ein so großer Schock für das bestehende Establishment wäre, dass eine neue politische Bewegung entstehen müsste, die diese Frage wieder auf die Agenda setzt. Dass Trump nach seiner Abwahl 2020 nun erneut eine Kandidatur für 2024 in Betracht zieht, dürfte selbst bei Žižek Zweifel an seiner einstigen Empfehlung geweckt haben. Ob der Schock angesichts Trumps moralischer und politischer Untauglichkeit nicht groß genug war?

Ob in den USA oder in Österreich: Die meisten Politiker treten zurück, um Schaden von der eigenen Partei und anderen politischen Mitstreitern abzuwenden, und nicht, weil charakterliche Untugenden und Fehlverhalten sie für ein politisches Amt moralisch untauglich schrieben. Als Österreicherin fühle ich mich fast gezwungen, an dieser Stelle exemplarisch auf den Ex-FPÖ-Politiker Heinz-Christian Strache zu verweisen. Denn der versuchte schon ein Jahr nach dem Ibiza-Skandal, am 17. Mai 2020, das eigene Fehlverhalten in der bekannten ORF-Diskussionssendung *Im Zentrum* zum Thema „Politik und die Qual der Moral – Was bleibt vom Sündenfall Ibiza?"[20] als Peinlichkeit, als „bsoffene Gschicht" zu verharmlosen. Auch der wiederholte Hinweis darauf, dass es ohnehin auch andere Mitbewerber ähnlich hielten,[21] sollte die eigene unmoralische Handlungsweise relativieren.[22] Schließlich handelten ja alle politischen Mitbewerber ebenso unmoralisch wie er. In der Philosophie spricht man hier übrigens von einem klassischen Tu-quoque-Fehlschluss: Denn ein Fehler bleibt ein Fehler, wer auch immer und wie viele andere ihn ebenso begehen.

Oft redet sich die Politik aber schlicht darauf heraus, dass für Politiker andere Regeln gelten würden als für Normalbürger. Aus besonderer Verantwortung würden eben auch besondere Privilegien erwachsen. Wer sich allerdings zu viele erlaubt, kann ins Straucheln geraten. So kam zeitverzögert heraus, dass in der Londoner Downing Street während der Pandemie regelmäßig Partys gefeiert wurden, an denen auch der damalige Premier Boris Johnson teilnahm. Gleichzeitig waren Treffen in Innenräumen für alle Haushalte gemäß den Lockdown-Regeln streng verboten. Obwohl Boris Johnson sich noch einige

Monate im Amt halten konnte, musste er aufgrund immer neuer Enthüllungen schließlich doch zurücktreten. Privilegien hat man, solange sich man ihrer als würdig erweist. Wasser predigen und Wein trinken funktioniert vielleicht auch deshalb immer schlechter, weil es dank der neuen Technologien und sozialen Medien immer schwieriger wird, problematisches Verhalten zu verheimlichen. Kommen die moralischen Verfehlungen ans Tageslicht, muss man sich als Politiker mit einem anderen Trick behelfen, um die öffentliche Meinung zu beruhigen.

Trugschluss 5:

———

Man darf alles, solange es legal ist

Die Hoffnung, Moral am Zivil- oder Strafrecht festmachen zu können, wird enttäuscht werden. Gesetze reichen nicht aus, um eine strukturelle Veränderung politischer Moral zu bewirken. Recht bezieht sich vornehmlich auf das äußere Verhalten des Menschen, während sich die Moral an die Gesinnung des Menschen wendet. Es gibt eben einen Unterschied zwischen Legalität, also dem bloßen Einhalten von Gesetzen, und Moralität. Die mediale Diskussion schwenkt deshalb immer schnell von der moralischen zur ausschließlich strafrechtlichen Relevanz. Moralisches Verhalten kann durch staatliche oder mediale Organe nur äußerst eingeschränkt erzwungen werden. Das heißt aber nicht, dass etwas getan werden darf, nur weil es gesetzlich nicht verboten ist. Sich auf Parteikosten einen luxuriösen Lebensstil zu finanzieren, das mag strafrechtlich irrelevant sein, politisch und moralisch ist es aber relevant. Selbst wenn Politiker die Kosten später beglichen hätten.

Die Frage nach dem Vorsatz ist es, was die Handlung eines Politikers und den Politiker in Person als moralisch fragwürdig entlarvt. „Eine Ansicht wird danach beurteilt, ob sie wahr oder falsch und nicht danach, ob sie gut oder böse ist; ein Vorsatz aber wird gerade an dem letzteren Unterschied gemessen. [...] Unsere sittliche Beschaffenheit bestimmt sich danach, ob wir uns das Gute oder das Böse zum Vorsatz machen, nicht danach, was für Ansichten wir hegen."[23] Obgleich sich der Politiker Strache aufgrund seiner Spesenaffäre aus allen seinen FPÖ-Ämtern zurückziehen musste, gab er wenig später bekannt, mit einer eigenen Liste „Team HC Strache – Allianz für Österreich" zur Wien-Wahl im Oktober 2020 gegen seine ehemalige FPÖ anzutreten. Hier darf die moralische Integrität des betroffenen Politikers in Zweifel gezogen werden.

Gerade vonseiten der konservativen und rechten Parteien wird Machiavelli oft bemüht, um die moralischen Verfehlungen von Politikern zu relativieren. Er vertritt die Auffassung, die Regierenden könnten dem Anspruch nicht gerecht werden, den Gesetzen der Moral immer zu gehorchen. Dies wäre nämlich nur in einer idealen Welt möglich, während hingegen die real existierende Welt voller schlechter Menschen sei und der „Fürst" somit nicht in allen Situationen den moralischen Geboten Folge leisten könne –

außer er wäre bereit dazu, politische Macht zu verlieren. Das wollen sich aber nur die leisten, die gerade wenig zu verlieren haben. Wo die Moral fehlt, muss das Gesetz einspringen. Doch wahre Politik, so schreibt er im Anhang seiner Schrift *Zum ewigen Frieden,* „kann keinen Schritt tun, „[...] ohne vorher der Moral gehuldigt zu haben, und ob zwar Politik für sich selbst eine schwere Kunst ist, so ist doch Vereinigung derselben mit der Moral gar keine Kunst; denn diese haut den Knoten entzwei, den jene nicht aufzulösen vermag, sobald beide einander widerstreiten. Das Recht der Menschen muß heilig gehalten werden, mag es auch der herrschenden Gewalt noch so große Aufopferung kosten. Man kann hier nicht halbieren, und das Mittelding zwischen Recht und Nutzen aussinnen, sondern alle Politik muss ihre Knie vor dem ersteren beugen."[24] Politik schafft Macht, mit der verantwortungsvoll umgegangen werden sollte. Wer ein politisches Amt führt, muss das Wohl aller und Verantwortung für die Folgen der eigenen politischen Entscheidungen im Blick haben. Umso perfider ist es, wenn Politik die persönliche Verantwortung des Einzelnen in Krisenzeiten beschwört.

Wenn sich die Bürger nur richtig verhielten, ließen sich die Probleme lösen. „Eine solche Betonung der individuellen Verantwortung, auch wenn sie bis zu einem gewissen Grad nötig ist, wirkt jedoch ideologisch, sobald sie dazu dient, die viel wichtigere Frage, wie unsere gesamte Wirtschafts- und Gesellschaftsordnung verändert werden kann, zu verschleiern."[25] Diese Feststellung, die Slavoj Žižek während der Corona-Krise getroffen hat, gilt ebenso für den Kampf gegen prekäre Arbeitsbedingungen und für die Energiewende.

Trugschluss 6:

Man muss es nur korrekt sagen

Während die Verantwortungsethik nach den möglichen Folgen des Handelns fragt, interessiert sich die Gesinnungsethik für die moralische Qualität des Handelns. Sie fragt nach den moralischen Absichten und Prinzipien, die dahinterstehen. An den Bruchlinien dieser Richtungen spielt sich die politische Legitimierung von Entscheidungen ab. Doch gibt es keine Handlungsmaxime, nach der sich sowohl Politiker als auch Bürger moralisch orientieren könnten? Würde es nicht reichen, dieser einfachen Regel zu folgen: „Was du nicht willst, dass man dir tu, das füg auch keinem anderen zu"? Schon Kant weist darauf hin, dass die goldene Regel keineswegs allgemeingültig sein kann: „Man denke ja nicht, daß hier das triviale: *[was du nicht willst, dass dir geschehe ...]* etc. zur Richtschnur oder Princip dienen könne. Denn es ist, obzwar mit verschiedenen Einschränkungen, nur aus jenem abgeleitet; es kann kein allgemeines Gesetz sein, denn es enthält nicht den Grund der Pflichten gegen sich selbst, nicht der Liebespflichten gegen andere (denn mancher würde es gerne eingehen, daß andere ihm nicht wohlthun sollen, wenn er es nur überhoben sein dürfte, ihnen Wohltat zu erzeigen), endlich nicht der schuldigen Pflichten gegen einander, denn der Verbrecher würde aus diesem Grunde gegen seine strafenden Richter argumentieren, usw."[26] Die goldene Regel ist also moralisch problematisch, verfolgt sie doch vor allem eine egoistische Intention: Dinge zu vermeiden, die man selbst nicht will.

Freilich lässt sich auch eine Anwendung einer sprachbezogenen Variante der goldenen Regel finden: „Stelle andere sprachlich nicht so dar, wie du nicht wollen würdest, dass man dich an ihrer Stelle darstelle."[27] Den eigenen Sprachgebrauch zu überprüfen, ob man ihn noch akzeptieren würde, wenn er gegen einen selbst gerichtet wäre, führt allerdings in eine Sackgasse, nämlich in die der eigenen Schmerzschwelle. Was, wenn jemand bereit ist, Verletzungen der eigenen Vorstellungen von Schicklichkeit gezielt hinzunehmen, nur um in Übereinstimmung mit der populären goldenen Regel die seines Gegenübers zu verletzen? Die Grenzen des „Das geht überhaupt nicht!" scheinen moralisch noch durchlässiger zu sein als die gesetzlichen. Vor allem, wenn es um die Beschämung von Kontrahentinnen (sic!) geht.

Ein prominentes Beispiel war die gezielte Beschämung der damaligen FOX-Moderatorin Megyn Kelly durch Donald Trump. Nach einer gescheiterten Konfrontation mit Kelly holte Trump im Interview mit CNN aus: „Da tropfte Blut aus ihren Augen, Blut aus ihrer Wo-auch-immer."[28] Trumps Versuch einer Rechtfertigung seiner Niederlage: Sie menstruiert, und damit kann das alles nicht für voll genommen werden. Aber nicht nur in Übersee, sondern auch im kleinen Österreich finden sich dazu weitere Beispiele. Im Juni 2020 rechtfertigte der ÖVP-Politiker Josef Geisler die Beschimpfung einer Umweltaktivistin als „widerwärtiges Luder"[29] damit, dass ihm die Aktivistin ins Wort gefallen sei. Ihr widerständiges Verhalten wurde quasi mit seiner Beschämung geahndet. Auch wenn das komplette Video belegte, dass es Geisler war, der der Umweltschützerin ins Wort fiel, glättete die grüne Landeshauptmannstellvertreterin Ingrid Felipe die hochgehenden Wogen mit dem Verweis auf einen „Feminismus", zu dem auch „Versöhnlichkeit" gehörte. Womit aber sollten sich die Bürgerinnen versöhnen? Damit, dass politisch Handelnde der Tiroler ÖVP ein Problem mit „Sexismus und struktureller Frauenfeindlichkeit" haben? Der vielfachen Aufforderung eines Rücktritts oder etwaiger politischer Konsequenzen wurde in diesem Fall nicht einmal dem moralischen Anschein nach stattgegeben.

Auch der Versuch, mithilfe von Political Correctness gesellschaftlichen Veränderungen gerecht zu werden, hat seine moralischen Tücken. Die zweifellos richtige Feststellung, dass Menschen auch sprachlich aufgrund ihres Geschlechts, ihrer sexuellen Orientierung, ihrer ethnischen, nationalen oder religiösen Zugehörigkeit, ihrer sozialen Herkunft, ihres Alters oder aufgrund von Behinderung diskriminiert werden, soll durch einen Sprachwandel und mehr Bewusstsein zu einer realen Veränderung der kritisierten Diskriminierung führen. So wurde aus dem „Behinderten" der „Mensch mit Behinderung", aus dem „Migranten" der „Mensch mit Migrationshintergrund" oder „Zuwanderungsgeschichte" und die Debatte um die geschlechtergerechte Sprache zum Kampfplatz für mehr Gleichberechtigung. Wer heute im politischen Ring als moralische Instanz bestehen will, muss die politisch korrekte Sprache beherrschen.

Doch so neu ist das alles gar nicht. Die Erwartung an die Herrschenden, auf die „richtige" Art und Weise zu sprechen, beschrieb schon lange vor Aufkommen des PC-Diskurses Machiavelli: „Es soll daher ein Fürst gar sehr sich hüthen, aus seinem Munde irgend was kommen zu lassen, das nicht voll der fünf Eigenschaften wäre: er scheine, wenn man ihn sieht und hört, ganz Güte, ganz Treue, ganz Menschlichkeit, ganz Redlichkeit, ganz Religion. Und zwar ist nichts nothwendiger daß man es zu besitzen scheine, als *diese letztere* Eigenschaft; da die Menschen im allgemeinen mehr nach den Augen, als nach den Händen schließen, weil zu sehen einem Jeden gegeben ist, zu *fühlen*, Wenigen. Jeder sieht was Du scheinest, Wenige fühlen was Du bist: und diese Wenigen wagen sich nicht, der Meinung der Vielen, die die Majestät des Staates zum Schutze für sich haben, zu widersetzen".[30]

Der Philosoph Slavoj Žižek wies als einer der Ersten darauf hin, dass sich „politisch korrekte" Begriffe mit der Zeit „abnutzen". Was wiederum dazu führt, dass sie schließlich die Bedeutung des Wortes, das sie ersetzen sollten, bekommen. Fazit: Wir landen in einer „Euphemismus-Tretmühle", in der jeder Begriff durch den folgenden seinerseits unter Diskriminierungsverdacht gestellt und entwertet werden kann. Dieser Tretmühle kann nur entkommen, wer die soziale Wirklichkeit tatsächlich verändert, glaubt der US-amerikanisch-kanadische Psycholinguist Steven Pinker. Neuschöpfungen und Euphemismen allein verhindern, geschweige denn lösen die tatsächlichen Ursachen von Rassismus, Sexismus und Behindertenfeindlichkeit nicht, sondern verschieben diese nur. „Sie, die Wohlmeinenden, warten darauf, dass andere den Missstand abstellen, damit sie ihn nicht länger bedauern müssen. Höchstens gehen sie noch wählen, das kostet ja nicht viel, und der Gerechtigkeit spenden sie matte Ermunterung und ein paar gute Wünsche, wenn sie an ihnen vorbeigeht. Es kommen neunhundertneunundneunzig Tugendpatrone auf einen Tugendhaften. Aber man verhandelt doch besser mit dem wahren Besitzer als mit ihrem zeitweiligen Hüter."[31] Doch wer der „wahre Besitzer" sein soll, ist ebenso fraglich. Wessen Stimme ist schon über jeglichen Diskriminierungsverdacht erhaben?

Dennoch bietet PC nicht nur Nach-, sondern auch Vorteile für Politiker. Sie können ausgewählte Themen zu moralischen Fragen machen, zu denen ihre Wähler eindeutig Stellung beziehen müssten. Diese Mobilisierung durch Emotionalisierung funktioniert ausgezeichnet, wie die Sozialwissenschaftlerin Julia Mourão Permoser bestätigt: „Vor allem Rechtspopulisten, die Freiheitlichen in Österreich, die AfD in Deutschland, haben damit begonnen, jedes Thema moralisch aufzuladen. Nun machen es teilweise auch andere Parteien, schlicht, weil sie mit dieser Emotionalisierung Erfolg und Zulauf haben."[32] Statt eine konkrete Lösung für ein konkretes Problem zu suchen, reicht es schon, eine Seite zu beziehen. Bequem sowohl für den Bürger als auch für den Politiker. Statt konkrete und möglicherweise unpopuläre Maßnahmen in der Öffentlichkeit durchboxen zu müssen, kann dieser ohne großen Aufwand und Kosten – vor allem von der Oppositionsbank aus – Emotionalisierung und Aufmerksamkeit für die eigene Partei generieren. Wie hat es der Kabarettist Alfred Dorfer so treffend ausgedrückt: „Nicht das Erreichte zählt, sondern das Erzählte reicht."

Ähnlich verhält es sich mit den Diskussionen rund um moralische Denkmalstürze. So sollte beispielsweise die Statue des einstigen Wiener Bürgermeisters Karl Lueger aufgrund seines zeitlebens offen gelebten politischen Antisemitismus bereits vor zehn Jahren, also lange vor den globalen antirassistischen Protesten zum gewaltsamen Tod des Afroamerikaners George Floyd, gekippt werden. Statt eines Sturzes wurde 2016 am Lueger-Denkmal eine Zusatztafel angebracht, die eine differenzierte Betrachtung des Denkmals und der Person Luegers ermöglichen soll.[33] Seitdem ist die öffentliche Debatte nicht abgeebbt. Reicht die Etablierung einer Zusatztafel wirklich aus, oder muss eine moralisch fragwürdige Person aus dem öffentlichen Gedächtnis entfernt werden? Und was kann einem Politiker eigentlich ausreichende Moralität attestieren? Schließlich wird kaum jemand behaupten, dass die tatsächlichen Ursachen von Rassismus, Sexismus, Antisemitismus sowie anderer Diskriminierung durch reine Sprachpolitik und Musealisierung überwunden werden könnten. Im Gegenteil steht der Verdacht im Raum, dass diese Maßnahmen bei falscher Anwendung sogar zu einer Verharmlosung gesellschaftlicher Missstände und sozialer Ungerechtigkeiten führen könnten. Denkmäler zu entfernen, Euphemismen zu schaffen und sich damit einzureden, dass „wir so nicht wären", lässt sich für die moralische Aufwertung politischer Zwecke in jedem Fall besser instrumentalisieren als eine historische Kontextualisierung, die vor aller Augen festhält: „Wir waren einmal so."

Trugschluss 7:

Kultur ist ein Luxus

Womit wir bei der Frage nach der Zugehörigkeit angekommen sind: dem Wir eines Landes, einer Staatsform oder einer Seite. An diesem Punkt kommt die Kultur ins Spiel. Fast vier Prozent der gesamten Wirtschaftsleistung Österreichs werden im Kreativsektor erarbeitet. In ganzen Zahlen sind das über 20 Milliarden Euro. Kultur ist also ein rentables Geschäft und schafft Arbeitsplätze. Dennoch ist die Kunst keine gleichwertige Wirtschaftsbranche unter anderen. Für sie galten auch jenseits der Pandemie andere Regeln: Kultur- und Kunstarbeiter gehören ohnehin zu denjenigen, die oft prekär beschäftigt und schlecht abgesichert sind. Vielmehr verschärften sich die gewohnten Ungerechtigkeiten in dieser Branche nochmals.

Das Leben, schreibt Sigmund Freud sinngemäß in seiner Schrift *Das Unbehagen in der Kultur,* ist unerträglich und wesentlich zu schwer für uns, um es zu ertragen brauchen wir „Linderungsmittel".[34] Kultur ist als solches höchst effektiv, wie sich in der Pandemie zeigte, ohne das viele die wochenlangen Corona-Lockdowns kaum überstanden hätten. Wieso fehlte also eine politische Kraftanstrengung, um

Künstler und kulturelle Einrichtungen zu erhalten, um die „Seele" der Kulturnation[35] Österreich zu retten, während der Wirtschaft von Regierungsseite jede erdenkliche Hilfe versprochen wurde? Stattdessen wurde während der ersten Lockdowns diskutiert, ob Kultur systemrelevant ist. Ausgelassen wurde die Frage, wer denn eigentlich bewertet, was systemrelevant ist und was nicht.

Dass Kultur wichtig ist, um das gute Leben und den Wohlstand zu sichern, zählt nicht. Wenn's uns gut geht, gibt's Kultur als Bonus, wenn die Wirtschaft wackelt, rangiert sie unter „ferner liefen". Selbst die messbare wirtschaftliche Leistungsfähigkeit der Kultur wurde nicht vollwertig anerkannt. Kein Wunder, dass der Legitimationsdruck der Kulturschaffenden auffällig hoch war. Am Anfang der Pandemie haben viele Künstler nahezu verzweifelt versucht, irgendeinen Mehrwert zu demonstrieren. Sie mussten permanent um die Zahlungsbereitschaft des Publikums bangen. Wird es auch für das digitale Angebot zahlen und nach dem Lockdown wiederkommen? Das Bewusstsein für die fundamentale Bedeutung, die der Kultur für das Wohlergehen einer Gesellschaft

zukommt, schien nicht nur dem Großteil der Politiker zu fehlen. Die Infragestellung der Kultur als Ganzes mag eine Provokation sein, um von der interessanteren Frage abzulenken, wer dem Kulturbetrieb wie die Anerkennung verweigert hat.
„Kulturverliebte kritisieren die Schließung der Kulturstätten." So parierte der damalige ÖVP-Bundeskanzler Sebastian Kurz im Ö1-Morgenjournal am 2. November 2020. Dabei hätte Bundeskanzler Sebastian Kurz eigentlich erklären sollen, warum Kirchen und Moscheen im Corona-Lockdown offen blieben, Kulturveranstaltungen aber abgesagt wurden. „Der Bereich der Religion ist ein besonders heikler."[36] Meinte der Ex-Kanzler etwa, dass diese Kulturverliebtheit sich mit der Zeit abschwächt, wieder verfliegt, auf dass sich diese Kulturmenschen auch wieder den wirklich wichtigen Dingen zuwenden? Der Gastronomie, dem Wintertourismus, der „Wirtschaft"? Werden etwa Ideologie und Lobbyismus und nicht die tatsächliche Gefährdungslage zur Richtschnur für Verbote und Verordnungen? Wie auch immer, Sebastian Kurz und vermutlich die meisten Mitglieder seiner damaligen Regierung zählten

sich offensichtlich nicht zu den „Kulturverliebten", wie die österreichische Schriftstellerin Marlene Streeruwitz gegenüber dem Magazin *Profil* feststellte: „Jemanden ‚kulturverliebt' zu nennen, nur weil er gern ins Konzert oder Kino geht, ist einfach erbärmlich. Eine ganze Kulturnation lebt davon. Wurde Kurz selbst eigentlich je in einem Theater gesehen?"[37]
Die Kulturbranche habe eben „nicht so eine gute Lobby wie die Gastwirte und die Baumärkte". In Richtung Sebastian Kurz ließ der bekannte deutsch-österreichische Schriftsteller Daniel Kehlmann in einem 3sat-Interview ausrichten: „Wenn der österreichische Kanzler herablassend von den ‚Kulturverliebten' spricht, dann muss man auch sagen: Dieser Ton steht ihm nicht zu! Als jemand, der keine Ahnung hat und sich dafür nicht interessiert, hat er sich nicht in diesem herablassenden Ton zu äußern."[38]
Es gilt noch immer das weitverbreitete Vorurteil, dass Kunstschaffende gar nicht (angemessen) entlohnt werden müssten, da sie ihren Job „aus Leidenschaft" machen würden. Dass keine Form des persönlichen Affekts am Monatsanfang die Miete bezahlt, scheint sich nicht herumgesprochen zu haben. *Die machen*

das aus Leidenschaft! [39] Als käme Kunst aus dem Nichts. Dass jahrelange Ausbildung und unendlich viel Arbeit hinter künstlerischer Tätigkeit steht, wird zu wenig gesehen. Weder von der Politik noch vom Publikum. Auch wer als Künstler gilt und wer überhaupt auf Unterstützung seitens der Politik hoffen darf, war vor der Pandemie und ist derzeit nicht klar. Der Kulturtheoretiker und Künstler Georg Seeßlen formuliert seinen Protest so: „Die Unterstützung, die schon rechnerisch nicht ausreicht, versickert förmlich in einem Brei von Bürokratie, Anmaßung und Ideologie. Denn jede dieser Entscheidungen ist ein Statement darüber, wie Kunst und Künstlerinnen auszusehen und zu wirken haben und wie nicht. Dieser Definitionsmacht von oben mit katastrophalen Folgen muss von der anderen Seite, der Kunst und Kultur, etwas entgegengesetzt werden." [40]

Gerade deshalb kommt jetzt eine harte Auseinandersetzung auf uns zu: der Streit zwischen einem Kulturverständnis, das auf der Idee einer Hochkultur als wahres kulturelles Gedächtnis einer Gesellschaft wie auch ihren großen Institutionen fußt, als auch einem experimentellen oder avantgardistischen

Kunstbetrieb, der sich in seinem kulturellen Schaffen als soziale und politische Intervention begreift. Diese Betriebe werden sich stark reiben, gerade wenn es um Geld und Unterstützung geht. Welcher davon ist systemrelevant, und was, wenn beide nicht systemrelevant wären? Der Einwand Seeßlens wiegt schwer: „Indem sie als ‚systemrelevant' erkannt wird, muss Kultur jeden Autonomieanspruch aufgeben und sich ‚willig' auf eine Funktion für Ökonomie und Politik beziehen, Alltag und Transzendenz in einer geforderten und opportunen Weise miteinander verbindend."[41] Die Systemrelevanz wäre folglich nicht nur gefährlich für die Kulturszene, sondern möglicherweise sogar ein Projekt ihrer Selbstabschaffung. Wir sollten uns in der aktuellen und in der nächsten Krise nicht von politischen Willensbekundungen einlullen lassen, die sagen, dass es „die Kultur" schon schaffen wird oder dass wir notfalls auch ohne sie auskommen müssten. „Da wir uns alle gemeinsam in der Krise befinden, sollten wir unsere politischen Anliegen beiseitelegen und gemeinsam daran arbeiten, uns selbst zu retten. Diese Vorstellung ist falsch: Gerade jetzt ist wahre Politik nötig – Entscheidungen über Solidarität sind zutiefst politisch."[42] Was fehlt, das sind Politiker, die Kultur ernst nehmen und sie auch angemessen finanzieren. Auch die Kultur braucht politischen Rückhalt und eine laute Vertretung. Ob ein eigenes Kulturministerium ein erster Schritt zu mehr Anerkennung und Ermächtigung sein könnte? Immerhin ist zukünftig mit noch mehr Krisen zu rechnen.

Trugschluss 8:

Einer muss es richten

Die Probleme, mit denen wir aktuell konfrontiert sind, haben eines gemeinsam: National lassen sie sich allesamt nicht lösen, sie sind globale, multikomplexe Herausforderungen, auf die es keine einfachen Antworten gibt. Eine Frage ist, wie wir Probleme lösen können. Eine andere, wer sie lösen soll: der Einzelne, das Kollektiv oder die Politik? Was müssen wir also von unseren Politikern erwarten? Wenn wir erwarten, dass sie moralisch handeln, könnte das für uns unangenehme Folgen haben. Wir müssten vielleicht in der einen oder anderen Sache zukünftig für das Wohl anderer oder aller zurückstecken. Freiwillige Quarantäne, Nichtraucherschutz, CO_2-Steuer, Energieembargos, Einsparungen etc.: Sind wir dazu bereit? Oder beschließen wir dann reflexartig, diese unbequemen Politiker einfach nicht mehr zu wählen? Moralisieren ist leicht, moralisch zu handeln ist schwer. Das stellt schon Henry David Thoreau für seine Zeitgenossen fest: „Es gibt Tausende, die *im Prinzip* gegen die Sklaverei und gegen den Krieg sind, und die doch effektiv nichts unternehmen, um beidem ein Ende zu machen; die sich in den Spuren Washingtons oder Franklins wähnen und doch sitzen bleiben,

[...] und behaupten, sie wüssten nicht, was zu tun sei, und auch wirklich nichts tun; die letztlich die Frage der Freiheit zurücktreten lassen hinter der Frage des Freihandels".[43]

Immer, wenn sich Ohnmachtsgefühle und Ängste kollektivieren, scheint das Bedürfnis nach starker politischer Führung zu steigen. Der Mythos des „starken Mannes/Machers/Führers" ist einer für Krisenzeiten, in denen sich viele nach jemandem sehnen, der die Welt *ordnet* und zumindest *oberflächlich* alles unter Kontrolle hat. Ob das jetzt Putin in Russland, Erdoğan in der Türkei oder Xi Jinping in China ist: Sie alle bedienen sich dieses fälschlicherweise überwunden geglaubten Männlichkeitsideals, das sich bestens medial inszenieren lässt. So leicht es als Kriegspropaganda zu demaskieren ist, so schwer ist es als kollektive Fantasie zu entzaubern. Warum aber hat diese Fantasie weltweit noch immer so einen regen Zulauf? Manche erklären sich das mit dem Verlust von konservativen Werten, denen mehrheitlich nachgetrauert wird, oder mit einem steigenden Ressentiment gegenüber Weltanschauungen, die traditionelle Bilder von Familie und

Männlichkeit infrage stellen. Dass sich ein wertkonservatives Land mit Atomwaffen wie Russland ausgerechnet von der sexuellen Diversität und Freiheit einiger westlicher Demokratien provoziert fühlt, ist also verständlich. Es ist schließlich der „liberale" Lebensstil, der die Existenz der „starken Männer" selbst bedroht, indem er deren autoritäre Denk- und Verhaltensweisen zurückweist und ihnen durchaus attraktive Alternativen entgegensetzt. In guten Zeiten steht es schlecht um sie. In Krisenzeiten, in denen Angst effektiv politisch instrumentalisiert werden kann, haben die „starken Männer" dann wieder Hochkonjunktur. Sie dürfen mit den Säbeln rasseln und mit starker Hand regieren, vorgeblich um für die Sicherheit ihres Volkes zu sorgen.

Es ist aber nicht ausgemacht, dass autoritäre Politik in der Krisenbewältigung besser abschneidet. Trotz technologischem wie medizinischem Fortschritt gibt es nicht die totale Sicherheit und Kontrolle, auch wenn autoritäre Systeme und ihre Vertreter diese mit aller ihnen zur Verfügung stehenden Gewalt zu beschwören versuchen. Ein gutes Beispiel sind die brutalen Lockdowns, auf denen die chinesische

Führung noch 2022 beharrte: Die autoritär verordnete Null-Covid-Strategie erbrachte weder den erhofften Erfolg im Hinblick auf die Bekämpfung der Pandemie noch stieß sie auf Zuspruch und Verständnis in der Bevölkerung. Erhellend ist dazu ein Beitrag von Verna Yu, der bereits im Februar 2020 unter dem Titel „Würde China die Meinungsfreiheit wertschätzen, gäbe es keine Coronavirus-Krise" erschienen ist. „Wenn Li** in einer Gesellschaft gelebt hätte, in der die Bürger frei sprechen könnten, ohne befürchten zu müssen, für das Aufdecken von Problemen bestraft zu werden, die den Behörden nicht passen, und wenn seine Warnung beachtet und schnell gehandelt worden wäre, hätte das Virus eingedämmt werden können. […] Wenn die Meinungsfreiheit und andere Grundrechte der chinesischen Bürger nicht respektiert werden, wird es solche Krisen wieder geben. In einer stärker globalisierten Welt könnte das Ausmaß noch größer werden […]. Die Menschenrechte in China scheinen wenig mit dem Rest der Welt zu tun zu haben, aber wie wir in dieser Krise gesehen haben, könnte es zu einer Katastrophe kommen, wenn China die Freiheiten seiner

---

** Gemeint ist der chinesische Arzt Li Wenliang, der als einer der Ersten vor dem Coronavirus warnte und dafür von chinesischen Autoritäten bedroht wurde, bevor er schließlich an der Krankheit starb.

Bürger einschränkt."⁴⁴ Ihr Fazit: Die internationale Gemeinschaft muss dieses Thema endlich ernst nehmen, um unser aller (!) Sicherheit zu verbessern. Gerade die Angst vor Bestrafung bei Fehlern fördert die Vertuschung und kappt eine klare Kommunikation, die das Schlimmste verhindern könnte. Die Wahrheit muss den Bürgern wie auch den Politikern zumutbar sein. Die Stärke autoritärer Systeme liegt sicher darin, dass sie rigorose Maßnahmen verhängen können, um eskalierende Situationen unter Kontrolle zu bringen. Allerdings tun sie sich schwerer damit, Eskalationen im Voraus zu verhindern, weil verständlicherweise niemand den Kopf für begangene Fehler hinhalten will. Das gilt für Bürger und Politiker gleichermaßen. Letzteren wird oft Narzissmus vorgeworfen, der sie überhaupt erst in diese hohen Positionen katapultiert haben soll. Dass Narzissmus kein liebenswerter Tick ist, damit beschäftigt sich die österreichische Journalistin und Filmemacherin Barbara Kaufmann. „Die narzisstische Persönlichkeitsstörung ist eine schwere Krankheit, die oft fälschlicherweise mit Selbstliebe gleichgesetzt wird. [...] Das Selbstwertgefühl ist nicht sehr groß und stark abhängig von ständiger Bestätigung und Bewunderung. Um diese zu erhalten, kann der Narzisst Außergewöhnliches leisten. Deshalb sind Narzissten oftmals in Führungspositionen zu finden, ebenso wie in der Unterhaltungsindustrie, im Spitzensport, in der Politik und, ja, auch im Journalismus."[45]

In ein ähnliches Horn bläst auch Max Weber, der darauf hinweist, dass es oft gerade die (verletzte) Eitelkeit ist, die Politiker eine der zwei Todsünden begehen lässt: „Unsachlichkeit und – oft, aber nicht immer, damit identisch – Verantwortungslosigkeit."[46] Ohne eine Ferndiagnose erstellen zu wollen, lässt sich das Vorgehen derzeitiger und ehemaliger Spitzenpolitiker wie Trump so besser verstehen. Schon einer seiner republikanischen Amtsvorgänger, Richard Nixon, gab den „Madman", den verrückten Mann, dem jede Dummheit zuzutrauen ist – ohne Rücksicht auf Vernunft, Menschenrechte und Gesetz. Alles, um schlussendlich zu gewinnen, was wiederum seiner Eitelkeit schmeichelte. Seine an Dummheit grenzende Unberechenbarkeit gehörte zur Strategie. Solche Beispiele katalysieren Diskussionen darüber, ob Experten nicht die bessere Wahl wären und Politiker ersetzen sollten.

Trugschluss 9:

Politiker sind eigentlich obsolet

„Wir verstanden zwar vieles nicht, aber wir haben Parteien gefunden, die für uns standen, uns repräsentierten. Da war es gar nicht so wichtig, die Kleinigkeiten der Politik zu verstehen, wichtig war Vertrauen in die Partei. Dieses Vertrauen ist verloren gegangen, und das macht es schwieriger, sich zu orientieren."[47] Diese Diagnose stellte der britische Politologe Colin Crouch noch kurz vor dem Ausbruch der Pandemie in Europa. Seitdem hat sich einiges geändert. Hochgelobt und vielkritisiert, scheint unser politisches System demokratischer Herrschaft dennoch alternativlos. Gerade diese Alternativlosigkeit könnte stutzig machen. Die Einschätzung der Demokratie als erstrebenswertes Gut beruht laut der US-Politologin Wendy Brown auf der Annahme, „daß die Menschen die Selbstgesetzgebung anstreben und daß die Herrschaft des Demos die Gefahren unkontrollierter und konzentrierter politischer Macht eindämmen kann."[48] Nicht nur die wachsende ökonomische Unsicherheit, sondern auch die Erfahrungen von Ungleichheit und fehlender politischer Repräsentation scheinen so deutlich wie schon lange nicht mehr die Grenzen des Demos aufzuzeigen.

Ganze gesellschaftliche Gruppen werden vergessen und nur wenig bis gar nicht repräsentiert. Die Altersarmen, die Jungen, die Einpersonenunternehmen (EPU), die (neuen) Selbstständigen, die Alleinerziehenden, Obdachlosen oder chronisch Kranken – mit und ohne Migrationsbiografie. Viele von ihnen quält seit langem das Prekariat, in das sie hineingedrängt werden. So scheinen beispielsweise die neuen Selbstständigen und EPUs nicht in den Arbeitslosenstatistiken auf. Wie sie leben, ob sie Aufträge haben, ob sie versichert sind, ob sie einmal Pension bekommen, scheint in die aktuelle österreichische Politik keinen Eingang zu finden. Die Zahlen würden vermutlich nicht so gut aussehen. Wieso aber lassen sich die Parteien und auch die Politiker diese Gruppe entgehen? Warum buhlt man nicht um ihre Wählerschaft?

Es ist kein Geheimnis, dass gerade in dieser Gruppe viele ihr Leben von einem prekären Arbeitsverhältnis zum nächsten fristen. Eine heterogene Gruppe, ja, aber eine, in der der Bildungsstandard hoch ist. Also eine, die man mit vernünftigen Argumenten und sozial gerechten Visionen wie Vermögenssteuern und Umverteilung erreichen könnte. So geschehen in Graz, wo seit November 2021 eine kommunistische Bürgermeisterin regiert. Elke Kahrs Erfolg sollte aber weniger dem Branding ihrer Partei als ihrem politischen Handeln zugeschrieben werden, das viele Menschen aus dem Mittelstand ansprach. Die Kommunisten wurden bei der Bürgermeisterwahl in Graz stimmenstärkste Partei und holten selbst Wähler aus dem christlichsozialen Lager, das über 20 Jahre die politische Landschaft in der Landeshauptstadt gestalten durfte. Eine Politikerin, die zwei Drittel ihres Gehalts spendet, obwohl sie selbst nicht aus wohlhabenden Verhältnissen stammt, das ist ungewöhnlich. Vor allem aber ungewöhnlich attraktiv. Viele Künstler, Akademiker, Bauern und EPUs müssen selbst von wesentlich weniger als 1.950 Euro im Monat leben. Eine parteipolitische Vertretung fehlt ihnen ebenso wie eine Kammer, die ihre politischen Interessen und Forderungen repräsentieren würde. Hier sind vielleicht einzig die freiberuflich tätigen Ärzte, Apotheker, Patentanwälte und Ziviltechniker auszunehmen. Statt diese heterogene, junge und auch durchaus gebildete Gruppe zu repräsentieren, bleiben die größten und auch kleineren Parteien ihrer Klientel treu. Warum gerade Oppositionsparteien den Aufbau von Institutionen zur Unterstützung des Prekariats unterlassen haben, stimmt nachdenklich. Schließlich hätte die Opposition etwas, was die regierenden Parteien kaum haben, nämlich Zeit. Wäre das neue Prekariat nicht ein gefundenes Fressen für die Sozialdemokratie, der ihre eigentliche Zielgruppe, die Arbeiterklasse, verloren gegangen ist?

Dieselbe Gruppe kämpft auch noch mit einem anderen Problem, der Wohnungsnot. Und zwar nicht, weil es zu wenige Wohnungen gäbe, denn die könnte man bauen, sondern weil es zu wenige bis keine leistbaren Wohnungen gibt, die man erwerben könnte. Auch da bleibt die Politik untätig. Wien ist zwar führend im Gemeindewohnbau[49], aber nicht im Bau von leistbarem Eigentum. Für viele Familien oder auch berufstätige Paare ist Eigentum schlicht zu teuer geworden. Beiderseitige Vollzeitarbeit reicht für den Eigentumserwerb bei vielen jungen Paaren mit einem oder mehreren Kindern nicht mehr aus, höchstens noch eine größere Erbschaft macht den Traum vom Eigenheim realistisch. Prekär Beschäftigte oder Selbstständige bekommen oft nicht einmal einen Kredit, auch wenn sie gut im Geschäft sind. Zu viel Risiko, zu wenig Sicherheit, heißt es dann. Zu tun gäbe es in dieser Frage genug, aber könnten engagierte Politiker die Probleme überhaupt lösen, wenn sie es wollten? Je komplexer eine Krise ist, desto lauter wird der öffentliche Ruf nach Experten. Sie wären angesichts der zu treffenden Entscheidungen den Berufspolitikern vorzuziehen. Einerseits, da sie das nötige Fachwissen hätten, andererseits weil sie über Erfahrung mit der praktischen Abwicklung der Problematik verfügten.

Doch Politik und Wissenschaft lassen sich schwer vereinbaren, da sie völlig unterschiedlich funktionieren: Wissenschaftler sind der Wahrheit verpflichtet. Eine wissenschaftliche Erkenntnis gilt, egal ob sie der Regierung, Konzernchefs, der Kirche oder dem Volk in den Kram passt. Ebenso kann eine wissenschaftliche Erkenntnis im Laufe des fortschreitenden wissenschaftlichen Prozesses falsifiziert werden. Im Unterschied zum breiten Vorurteil hantieren Wissenschaftler nämlich nicht mit Sicherheiten, sondern mit Wahrscheinlichkeiten. Das heißt, dass von Experten getroffene Entscheidungen zwangsweise revidiert werden müssen. Eine schlechte Sache für Politiker, die Sicherheit geben und im Hinblick auf ihre Entscheidungen auch das Wohl der Bürger einbeziehen müssen. Der Soziologe Manfred Prisching fasst das Problem unter dem treffenden Begriff „Wahrscheinlichkeitskompetenz" zusammen. Diese sei „weder in der Politik noch beim Publikum ausgeprägt".[50] Mit Folgen für die Bewältigung von Krisen, wie uns die Pandemie vor Augen geführt hat. Die Bürger für rationaler zu halten, als sie sind, entpuppt sich als schwerer Fehler. „Ein Teil der Bevölkerung fühlt sich zwar bei Experten besser aufgehoben. Andere denken aber, die sind weltfremd und entscheiden über die Köpfe der Leute hinweg."[51] Um das zu ändern, tut die Politik gut daran, sowohl die Forschung als auch ganz generell Public Science – sprich eine wissenschaftliche Praxis, die die Öffentlichkeit miteinschließt – zu fördern.

Auch wenn Politik und Wissenschaft oft nicht reibungslos zusammenarbeiten, profitieren sie dennoch voneinander. So bewiesen gerade die Pandemie und der Ukraine-Krieg, dass durch die Expertenmeinungen nicht nur von der eigenen politischen Verantwortung abgelenkt, sondern auch gleichzeitig das Forschungsbudget einer wissenschaftlichen Disziplin erhöht werden kann. Allerdings meist nur dann, wenn diese Disziplin ihren Nutzen für die jeweilige politische Agenda belegen kann. Die Forschungsbudgets zeigen weiter deutlich, welche Wissenschaften einen überdimensional hohen Stellenwert in der Politik genießen. „[...] die Wirtschaftswissenschaften sind zu wichtig unter den anderen Sozialwissenschaften geworden. Die Regierungen hören nur darauf, was Ökonomen sagen."[52] Mit fatalen Folgen unter anderem für die öffentliche Sache, über die immer weniger Bürger Bescheid wissen.

Warum statt Experte oder Politiker nicht lieber einen Manager? Jemanden, der schon bewiesen hat, dass er fähig ist zu leiten und Gewinne zu erzielen. Doch hier hakt es ebenso. Ein Staat ist eben mehr als ein Unternehmen und ein Politiker mehr als ein simpler Manager. Er vertritt nicht nur geschäftliche Interessen, sondern repräsentiert auch Werte und

Stimmen. Bürger lassen sich nicht einfach feuern, wenn sie ihren Job nicht machen; in einem demokratischen Staat entscheiden viele, nicht nur einer, und der haftet nicht mit seinem Vermögen für seine und die Fehler seiner Mitarbeiter. Vielleicht ist Letzteres auch der Grund, warum sich moralisch fragwürdige Charaktere überhaupt in die Politik begeben.

Trugschluss 10:

Politik ist nichts für anständige Leute

„Es gibt zwei Arten, aus der Politik seinen Beruf zu machen. Entweder: man lebt ‚für' die Politik – oder aber: ‚von' der Politik. [...] Die Unterscheidung bezieht sich also auf eine viel massivere Seite des Sachverhalts: auf die ökonomische. ‚Von' der Politik als Beruf lebt, wer danach strebt, daraus eine dauernde Einnahmequelle zu machen – ‚für' die Politik der, bei dem dies nicht der Fall ist."[53] Max Weber zweifelte nicht daran, dass Letztere wichtiger und schwerer zu finden seien. Aber wer, der einen seriösen und angesehenen Beruf ausüben will, denkt überhaupt ernsthaft daran, in die Politik zu gehen? *Mach lieber etwas Anständiges!* Das ist nicht nur ein Appell, der in Richtung von Studenten der Geisteswissenschaften gerichtet wird, sondern auch in Richtung politisch Interessierter mit ernsten Absichten, die sich wählen lassen und politische Verantwortung übernehmen wollen. Um diesen Plan in die Tat umzusetzen, stehen ihnen jedenfalls einige Hürden ins Haus.

Erstens ist hierzulande und andernorts eine Parteimitgliedschaft wesentlich, um überhaupt in die Nähe eines wie auch immer gearteten politischen Amts zu kommen. Bezirkspolitiker – Landespolitiker –

Bundespolitiker – Aktivist: Die vielen unterschiedlichen politischen Positionen sind ungleich mit Machtbefugnissen ausgestattet. Wer politisch interessiert ist, schnüffelt meist zuerst im eigenen familiären Umfeld herum und prüft das Fahrwasser. Jede noch so kleine Berührung mit der Politik hilft dem Neueinsteiger, jeder noch so kleine Kontakt ermöglicht es, ein paar Stufen der mühseligen Einstiegsprozesse zu überspringen. Wer die richtigen Sympathisanten hat, das heißt, jene Parteimitglieder auf seiner Seite hat, die firm mit Statuten und bestens mit dem internen Regelwerk vertraut sind, darf sich große Chancen ausrechnen, schnell in der Gruppe akzeptiert zu werden. Die Investition von Zeit und die Herausstellung der eigenen politischen Grundsätze gehören zum politischen *rite de passage* dazu.

Deshalb benötigt, zweitens, jeder hoffnungsvolle Anfänger eine kleine Gruppe in ebendieser Partei, um ein Mindestmaß an Aufmerksamkeit zu bekommen, um überhaupt auf der Liste für eine zukünftige Wahl zu stehen. In die Gemeinschaft aufgenommen worden zu sein, heißt noch gar nichts. Wer nicht beliebt ist, muss seinen Fleiß kultivieren. Den kann man getrost bei zahlreichen Wahlaktionen zur Schau stellen. Wer sich diesem Vorgang verweigert, kann sich im unbezahlten und daher wenig verdächtigen politischen Aktivismus am politischen Diskurs beteiligen. Aktivismus hat eine wichtige Funktion und ist zweifellos auch eine Möglichkeit gesellschaftspolitisch mit zu gestalten. Wer ein noch so kleines politisches Amt ausübt, weiß, dass es ohne Aktivisten nicht geht. Von ihrem Engagement hängen nicht nur Wahlausgänge ab, sie üben auch Kritik an den politischen Funktionären die schwerer überhört werden kann.

Das Verhältnis zwischen Politikern und Aktivisten scheint von Haus aus angespannt. Notwendigerweise auch deshalb, weil die einen aufseiten der Verantwortungsethik, die anderen auf der Seite der Gesinnungsethik stehen. Politiker müssen Konsequenzen und Ziele im Auge behalten, um Entscheidungen vor der Gesamtbevölkerung rechtfertigen zu können. Für Aktivisten zählt nicht nur das Ziel, sondern auch die Intention dahinter. Vielmehr sehen sie sich dazu verpflichtet, für die „richtige" Sache einzutreten. Die weltweiten mehr oder minder radikalen Klimaproteste ziehen diese Trennlinie sehr deutlich. Ob Greta Thunberg, die sich als Ikone des Klimaaktivismus mit den einflussreichsten Politikern der Welt anlegt, oder handfeste Proteste im Hambacher Forst oder in Wien gegen Braunkohlekraftwerke oder die „Lobau-Autobahn"[54]: Die scheinbare Unvereinbarkeit von Gesinnungsethik und Verantwortungsethik führt bei vielen von der Politik enttäuschten jungen Aktivisten dazu, Politik ganz abzulehnen. Man versucht dem ineffizienten und korrupten System mittels Aktivismus Veränderungen abzupressen. Veränderungen, die viele der Politik, als „starkes langsames Bohren von harten Brettern" (Weber), nicht mehr zutrauen. Anlässlich des 100. Todestags von Max Weber schrieb der evangelische Theologe Ulrich H.J. Körtner dazu passend: „Heute lassen sich Radikalisierungstendenzen in Teilen der Tierrechte- und der Klimaschutzbewegung beobachten. Radikale Befürworter eines kompromisslosen Politikwechsels stoßen sich bisweilen an den Spielregeln einer parlamentarischen Demokratie, zu deren Wesenselementen der politische Kompromiss gehört. Auch rechte Bewegungen verachten den Parlamentarismus. Eine lebendige Demokratie braucht allerdings nicht nur den Konsens, sondern auch den Konflikt, für dessen Austrag aber gemeinsam akzeptierte Regeln gelten müssen."[55] Insofern müssen sich Gesinnungsethik und Verantwortungsethik ergänzen. Gerade der unbewegliche politische Apparat braucht Aktivisten mehr, als vielen bewusst ist. Sie schlagen die Brücke zu den Themen, die Teile der Bevölkerung emotional bewegen.

Dennoch bleibt die aktivistische Reichweite beschränkt und abhängig vom Segen der politischen Vertreter – und von deren Zielen im kommenden Wahlkampf. Schließlich gibt es immer eine Wahl vorzubereiten und damit eine Liste und Reihung möglicher Kandidaten. Meist geht es dabei weniger um politische Expertise als um Umgänglichkeit. Das Bestehen und das Weiterwachsen einer noch so kleinen politischen Gruppe ist vom Wahlergebnis abhängig, aber vor allem von der Stimmung in der Gruppe selbst. Ist die mies, weil beispielsweise einige zu viel unbezahlte Arbeit übernehmen, während sich andere im Gespräch mit potenziellen Wählern sonnen, kann es zu Verstimmungen kommen, die sich im politischen Arbeitsalltag deutlicher zeigen als auf den Wahllisten.

Wer, drittens, die Politik nicht zu seinem Broterwerb nutzen kann oder will, der braucht eine wesentliche Ressource, wenn er dennoch aus idealistischen Gründen in die Politik will: Zeit. Jede Stunde kostet Geld. Wem dies nicht ausreichend zur Verfügung steht, der kann eine ehrenamtliche Tätigkeit oder reinen politischen Aktivismus spätestens im fortgeschrittenen Erwachsenenalter vergessen. Etwas verändern zu wollen, das ist zeit- und kostenaufwendig. Man muss diesen Idealismus aus eigener Tasche bezahlen. Verständlich, dass sich selbst eingefleischte Aktivisten irgendwann für ein Amt oder eine Funktion bewerben, die sie teilweise für ihren Aufwand entschädigen sollen. Diese Entschädigung gibt ihnen aber gleichzeitig die Möglichkeit, sich mehr auf politische Ziele als auf die Organisation ihres Terminplans zu konzentrieren. Interessant wäre eine Statistik, die erhebt, wie viele, gerade junge, Menschen nur deshalb keine politische Funktion ausüben oder politisch aktiv sein können, weil ihnen die ökonomischen Ressourcen dafür fehlen.

Zweifellos kann man sich heute leichter für ein, zwei Stunden die Woche freispielen, um sich politisch zu betätigen, aber „heute dies, morgen jenes zu tun, morgens zu jagen, nachmittags zu fischen, abends Viehzucht zu treiben, nach dem Essen zu kritisieren, wie ich gerade Lust habe, ohne je ein Jäger, Fischer oder Hirt oder kritischer Kritiker zu werden"[56], mag zwar wünschenswert sein, wie Karl Marx meint, aber es ist schwer zu verwirklichen. Zumindest, wenn man größere politische Ambitionen hegt. Das Aufbauen von Kontakten und das politische Procedere zu lernen, all das braucht sehr viel Zeit. Insofern ist es durchaus sinnvoll, die Frage nach der Politik als Beruf zu stellen. Max Weber schreibt in seinem kleinen gleichnamigen Band darüber, warum bloße Machtpolitiker scheitern. Dieser, „wie ihn auch ein bei uns eifrig betriebener Kult zu verklären sucht, mag stark wirken, aber er wirkt in der Tat ins Leere und Sinnlose. [...] An dem plötzlichen inneren Zusammenbruch typischer Träger dieser Gesinnung haben wir erleben können, welche innere Schwäche und Ohnmacht sich hinter dieser protzigen, aber gänzlich leeren Geste verbirgt."[57]

So glanzvoll und schnell diese Aufsteiger an die Macht kommen, so rasch sind sie auch wieder von der politischen Bildfläche verschwunden. „Einen ganz trivialen, allzu menschlichen Feind hat daher der Politiker täglich und stündlich zu überwinden: die ganz gemeine Eitelkeit, die Todfeindin aller sachlichen Hingabe und aller Distanz, in diesem Fall: der Distanz sich selbst gegenüber." [58] Wenn es also jemand ernsthaft mit der Politik versuchen möchte, so Max Weber, dann sollte diese Person nicht nur die drei Eigenschaften Leidenschaft – Verantwortungsgefühl – Augenmaß besitzen, sondern auch der politischen Todsünde abschwören: die Macht lediglich um ihrer selbst willen anzustreben.[59]

Fazit:

Macht Politik böse?

Sich politisch zu beteiligen, ist für die Bürger schwierig geworden. Zum einen ist es schwer, den Überblick über die rechtlichen und ökonomischen Entwicklungen zu behalten und sich zusätzlich politisch einzubringen: Sei es gelegentlich als Bürger oder nebenberuflich in einer kleineren politischen Funktion. Und da lauert schon die nächste Gefahr: das „politische Hobbytum"[60]. Wer die Politik zum Hobby hat, erlebt mit Spannung die politischen Ereignisse und stachelt den politischen Wettkampf an. Mit gefährlichen Folgen, wie der US-Politikwissenschaftler Eitan Hersh feststellt: Polit-Enthusiasten würden mit ihrem Hobby zur unnötigen Verschärfung statt zur Lösung von Konflikten beitragen. Ist die Polarisierung zu weit fortgeschritten, kann ein Kompromiss kaum mehr gelingen. Gerade dieser ist für eine Demokratie aber zentral. Auch im Angesicht der destruktiven Kraft sozialer Medien wie Facebook und Twitter ist dieser Vorwurf gezielter Polarisierung nicht so einfach abzuschmettern. Die historische Entscheidung, Ex-US-Präsident Trump auf Twitter zu sperren, ist höchst umstritten und wird auch von einflussreichen Politlobbyisten wie Elon Musk abgelehnt. Bei aller Gefahr sollte man die revolutionäre Kraft der sozialen Medien nicht überschätzen, wie es beispielsweise zur Zeit des Arabischen Frühlings geschah. Die Interpretation von Ereignissen wie Pandemien, Kriegen und anderen Krisen wird nicht im virtuellen Raum entschieden, allerdings wird ihre Interpretation durch die Auseinandersetzung in der digitalen Welt mitgeformt. Inwieweit der digitale mit dem realen Streit äquivalent ist, bleibt fraglich, obwohl der im Netz nachweislich Meinungsunterschiede verstärkt.

Fast scheint es, als ob die einzige wirksame politische Aktivität für Bürger wäre, zum richtigen Zeitpunkt zivilen Ungehorsam zu leisten. Die US-Politikwissenschaftlerin Wendy Brown vermutet sogar, dass Demokratie nur als Protest zu verwirklichen ist, „und vielleicht sollte sie gerade heute ausdrücklich von einer Regierungsform in eine Politik des Widerstands zurückversetzt werden".[61] Wie weit das sinnvoll und auch legitim ist, darüber wird nicht erst seit den Corona-Demonstrationen heftig gestritten. Thoreau schildert in einem 1849 erschienenen Essay, dass er sechs Jahre keine Kopfsteuer bezahlt habe und deshalb für eine Nacht ins Gefängnis gesteckt wurde.

Blumig berichtet er von massiven Steinmauern, Türen aus Holz und Eisen und der Absurdität, für seine Überzeugung, dass die USA einen ungerechtfertigten Krieg gegen Mexiko führten, eingesperrt zu werden. „Und wie ich da stand und mir die Kerkerszenerie betrachtete [...], wurde mir erst so recht die Dummheit jener Institution bewusst, eine Dummheit, die mich in diesem Ausmaß doch erstaunte: Sie behandelte mich, als wäre ich nur ein Packen aus Fleisch, Blut und Knochen, den man einfach wegschließen kann. [...] War das wirklich alles, was er mit mir anzufangen wusste? Kam ihm [dem Staat, Anm.] nie auch nur der Gedanke, sich meiner Dienste im Guten zu versichern?"[62] Ein politisch interessierter und aktiver Bürger müsste im Zentrum jeder funktionierenden Demokratie stehen. Aber wie erweckt man sein Interesse an politischer Beteiligung?

Wollen wir überhaupt noch die vielgerühmte „demokratische Freiheit", von der überall so viel geredet wird? Wenn Politik, so folgert der Philosoph Jacques Rancière[63], nicht die Kunst ist, den Einzelnen und eine Gemeinschaft zu führen, dann ginge das Regieren auch nur mithilfe der Polizei und des Militärs. Politik vollzieht sich in diesem Sinne dann, wenn die Bürger die vorgegebenen gesellschaftlichen Bedingungen infrage stellen und gemeinsam in einen zivilisierten Streit treten können. Browns schwierigste Frage sollte der Ausgangspunkt dieses Streits sein: „Wie kann der Demos selbst die Mächte identifizieren und nach ihnen greifen, die gemeinsam gemeistert werden müssen, wenn Demokratie mehr sein soll als nur die legitimierende Fassade für ihre Umkehrung?"[64] Dazu bräuchte der Demos nicht nur das unbedingte Wohlwollen, das die Politiker ihm entgegenbringen müssten, er müsste auch ein Höchstmaß an Anstand seitens der Politik voraussetzen können. Schlussendlich bewahrheitet sich das geflügelte Wort des französischen Philosophen Joseph de Maistre: Jedes Volk hat die Regierung, die es verdient.[65] Nach diesen zehn Trugschlüssen zeigt sich einmal mehr, dass die Politik nur so böse ist, wie wir Bürger sie sein lassen.

89

Anhang:

Quellen

[1] Die Pressekonferenz fand am 21.05.2019 statt: https://www.youtube.com/watch?v=nOtYk3TDHcQ, *abgerufen am 15. Jänner 2022.*

[2] https://www.diepresse.com/6073902/niveau-von-rumaenien-erreicht-vertrauen-in-politisches-system-sinkt, *6. Jänner 2022.*

[3] https://www.diepresse.com/6073902/niveau-von-rumaenien-erreicht-vertrauen-in-politisches-system-sinkt, *6. Jänner 2022.*

[4] Max Weber: Politik als Beruf. Stuttgart 1999, S. 14.

[5] Vgl. Lisz Hirn. So sind wir nicht. Zum Gebrauch der Moral in der österreichischen Politik. IN: Thomas Köhler; Christian Mertens (Hrsg.). Jahrbuch für politische Beratung 2019/2020. Wien: PROverbis.

[6] https://www.zeit.de/news/2021-07/18/kritik-an-laschet-wegen-lacher-im-flutgebiet, *abgerufen am 13. Juni 2022*

[7] Vgl. Arte-Doku „Kronen Zeitung – Tag für Tag ein Boulevardstück" von Nathalie Borgers aus dem Jahr 2002.

[8] https://www.rog.at/press-freedom-index-2021/, *abgerufen am 29. Mai 2022*

[9] Max Weber, Politik als Beruf, S. 35.

[10] https://www.news.at/a/pressefreiheit-regierung-vertrauen, *abgerufen am 13. Juni 2022*

[11] https://www.moment.at/medien-sebastian-kurz-oesterreich-analyse, *abgerufen am 8. Jänner 2022*

[12] https://www.youtube.com/watch?v=FNwGWUPG0-8, *abgerufen am 29. Mai 2022*

[13] Immanuel Kant: Schriften zur Anthropologie, Geschichtsphilosophie, Politik und Pädagogik 1. Werkausgabe Band XI. Frankfurt/Main 1977, S. 232.

[14] https://www.deutschlandfunk.de/russische-propaganda-vokabular-putin-genozid-nazis-100.html, *abgerufen am 18. Juli 2022.*

[15] Henry David Thoreau: Ziviler Ungehorsam, S. 19.

[16] Immanuel Kant: Schriften zur Anthropologie, S. 242 ff.

[17] https://www.wienerzeitung.at/nachrichten/politik/oesterreich/2041116-Das-Ende-der-Aera-Strache-eine-Bilanz.html?em_cnt_page=1, *abgerufen am 9. Jänner 2020*

[18] https://www.sora.at/fileadmin/downloads/wahlen/2019_NRW_Wahlanalyse.pdf, *abgerufen am 9. Jänner 2022*

[19] https://www.zeit.de/kultur/2016-11/us-wahl-donald-trump-populismus-linke-slavoj-zizek?utm_referrer=https%3A%2F%2Fwww.google.com, *abgerufen am 14. Jänner 2022*

[20] https://www.youtube.com/watch?v=Fjsa37wiWGo, *abgerufen am 9. Jänner 2022*

[21] „Korruption ist in vielen Ländern ein Teil der Geschäftsgewohnheiten und Gepflogenheiten. Zunächst beginnt sie oft mit kleinen (legalen) Gefälligkeiten (z. B. Geschäftspartner laden sich zum Essen ein). Diese Gefälligkeiten erwachsen im Laufe der Zeit zu korruptiven Handlungen.", https://wcms.itz.uni-halle.de/download.php?down=23142&elem=2549627, *abgerufen am 9. Jänner 2022*

[22] Das tat Strache übrigens erneut in seinem Buch „Das Ibiza-Attentat – Was wirklich geschah und warum ich weiter für euch kämpfe" 2021 und in der Doku „Der talentierte Herr Strache" 2022.

[23] Aristoteles: Nikomachische Ethik 98.

[24] https://www.gutenberg.org/files/46873/46873-8.txt, *abgerufen am 29. Mai 2022.*

[25] Slavoj Žižek: Pandemie! COVID-19 erschüttert die Welt, Wien 2021, S. 72.

[26] Immanuel Kant: Gesammelte Schriften. Hrsg.: Bd. 1–22 Preussische Akademie der Wissenschaften, Bd. 23 Deutsche Akademie der Wissenschaften zu Berlin, ab Bd. 24 Akademie der Wissenschaften zu Göttingen, Berlin 1900ff., AA IV, 430.

[27] Vgl. Anatol Stefanowitsch: Eine Frage der Moral: Warum wir politisch korrekte Sprache brauchen, Berlin 2018.

[28] https://www.welt.de/politik/ausland/article145036491/Diese-Fox-Frau-faehrt-den-Republikanern-gern-ueber-den-Mund.html, *abgerufen am 18. Juli 2022*

[29] https://tirol.orf.at/stories/3051748/, *abgerufen am 18. Juli 2022*

[30] http://www.zeno.org/Philosophie/M/Machiavelli,+Niccolò/Der+Fürst/18.+Auf+welche+Weise+die+Fürsten+Treu%27+und+Glauben+halten+müssen, *abgerufen am 14.07.2020*

[31] Henry David Thoreau: Ziviler Ungehorsam, S. 19.

[32] https://www.spiegel.de/politik/moral-und-politik-warum-kommen-wir-in-debatten-nicht-mehr-zusammen-a-751af6eb-19cb-45cd-9513-291e73420d31, *abgerufen am 1. Juni 2022*

[33] https://science.orf.at/stories/3200967/, *abgerufen am 29. Mai 2022*

[34] Mit März 2020 ging es politisch stark um die Frage: Wie überleben wir? Deshalb standen die Naturwissenschaften im Vordergrund der Gesundheitskrise. Kultur und Kunst dagegen suchen nach Antworten auf die Frage nach dem Wozu. Wozu wollen wir überhaupt „überleben"? Was macht unser Leben zu einem „guten Leben"? Dieses Wozu ist länger als nötig völlig aus dem Blickfeld geraten.

[35] Wir sprechen hier von „Kulturnationen", die in guten Zeiten stolz sind, eine ganz besonders wertvolle kulturelle Identität hervorgebracht zu haben, sowie mit ihrer Hilfe einen wesentlichen Teil des nationalen Wohlstands generiert haben.

[36] https://www.derstandard.at/story/2000121384873/kurz-und-die-kulturverliebten, *abgerufen am 15. Jänner 2022.*

[37] https://www.profil.at/kultur/marlene-streeruwitz-ueber-den-corona lockdown-wir-werden-zu-vieh-gemacht/401106576, *abgerufen am 15. Jänner 2022*

[38] https://zackzack.at/2020/11/30/harte-kritik-an-kurz-von-star-schriftstellern-dieser-ton-steht-ihm-nicht-zu/, *abgerufen am 15. Jänner 2022.*

[39] Apropos Beruf als Berufung: Die Aufopferung oder Leidenschaft würde

man von anderen Berufsgruppen als jenen im Sozial- und Kunstbereich kaum fordern.

[40] Georg Seeßlen, Die „zweite Welle" Corona & Kultur. Wien 2021, S. 98.

[41] Ibidem, S. 43.

[42] Slavoj Žižek, Pandemie! COVID-19 erschüttert die Welt, S. 76.

[43] Henry David Thoreau: Ziviler Ungehorsam, S. 18.

[44] https://www.theguardian.com/world/2020/feb/08/if-china-valued-free-speech-there-would-be-no-coronavirus-crisis, *abgerufen am 14. Jänner 2022*

[45] https://www.derstandard.at/story/2000052225805/trump-und-unsere-faszination-fuer-narzissten, *abgerufen am 14. Jänner 2022*

[46] Max Weber: Politik als Beruf, S. 51.

[47] https://www.derstandard.at/story/2000115157410/colin-crouch-oekonomen-vergessen-gern-dass-menschen-keine-gueter-sind, *abgerufen am 27. Mai 2022*

[48] Wendy Brown: Wir sind jetzt alle Demokraten... IN: Demokratie? Eine Debatte, Berlin 2012, S. 68f.

[49] Dass vielen der Zugang zum Gemeindewohnbau aufgrund bürokratischer Hinder- und Erfordernisse versperrt ist, stellt einen der wesentlichsten Kritikpunkte dar.

[50] IN: Falter 23/22 Heureka 3/22, Manfred Prisching: Über das Verhältnis von Politik und Wissenschaft, S. 16.

[51] https://www.derstandard.at/story/2000125848118/die-politischen leiharbeiter-sind-quereinsteiger-die-besseren-politiker, *abgerufen am 8. Jänner 2022*

[52] https://www.derstandard.at/story/2000115157410/colin-crouch-oekonomen-vergessen-gern-dass-menschen-keine-gueter-sind, *abgerufen am 27. Mai 2022*

[53] Max Weber: Politik als Beruf, S. 16.

[54] https://fridaysforfuture.at/lobaubleibt/faq, *abgerufen am 13. Juni 2022.*

[55] https://www.wienerzeitung.at/nachrichten/reflexionen/vermessungen/2063854-Max-Weber-Politik-und-Moral.html, *abgerufen am 1. Juni 2022*

[56] Karl Marx; Friedrich Engels: Die deutsche Ideologie. Berlin 2016, S. 57.

[57] Max Weber: Politik als Beruf, S. 64.

[58] Ibidem, S. 63.

[59] Zum Abschluss zieht Max Weber folgendes Fazit: „Nur wer sicher ist, daß er daran nicht zerbricht, wenn die Welt, von seinem Standpunkt aus gesehen, zu dumm oder zu gemein ist für das, was er ihr bieten will, daß er all dem gegenüber: ‚dennoch!' zu sagen vermag, nur der hat den ‚Beruf' zur Politik."

[60] https://www.spiegel.de/politik/moral-und-politik-warum-kommen-wir-in-debatten-nicht-mehr-zusammen-a-751af6eb-19cb-45cd-9513-291e73420d31, *abgerufen am 31. Mai 2022*

[61] Wendy Brown: Wir sind jetzt alle Demokraten…, S. 70f.

[62] Henry David Thoreau: Ziviler Ungehorsam, S. 38.

[63] Vgl. Jacques Rancière: Das Unvernehmen. Politik & Philosophie, Frankfurt/Main 2002.

[64] Wendy Brown: Wir sind jetzt alle Demokraten…, S. 71.

[65] Dieses Zitat gilt nur eingeschränkt für Diktaturen. Im relevanten Fall geht es um das Volk, das die Schuld für seine Vertreter trägt, diese also aktiv gewählt hat.

Dieses Buch verdankt seine Existenz im besonderen Ausmaß dem Engagement und den Einsichten von Susann Brückner, Nikolai Friedrich und Lucia Marjanović.

Copyright © Leykam Buchverlagsgesellschaft m.b.H. Nfg. & Co. KG, Graz – Wien 2022

Kein Teil des Werkes darf in irgendeiner Form (durch Fotografie, Mikrofilm oder ein anderes Verfahren) ohne schriftliche Genehmigung des Verlages reproduziert oder unter Verwendung elektronischer Systeme verarbeitet, vervielfältigt oder verbreitet werden.

Umschlaggestaltung: Michèle Ganser
Satz und Typografie: Michèle Ganser
Druck: FINIDR, s.r.o.
Lektorat und Korrektorat: Lucia Marjanović
Papier: Peyprint gerippt, Pergraphica Natural smooth
Gesamtherstellung: Leykam Buchverlag

www.leykamverlag.at
ISBN 978-3-7011-8250-3

Klimaneutral gedruckt mit freundlicher Unterstützung durch das Land Steiermark und die Kulturabteilung der Stadt Wien